Laura

Argraffiad cyntaf: 2023
© testun Mari Lovgreen, 2023
© lluniau Sara Rhys, 2023

Mae hawlfraint ar gynnwys y llyfr hwn ac mae'n anghyfreithlon i lungopïo neu atgynhyrchu unrhyw ran ohono trwy unrhyw ddull ac at unrhyw bwrpas (ar wahân i adolygu) heb gytundeb ysgrifenedig y cyhoeddwr ymlaen llaw.

Cynhyrchwyd y gyfrol hon gyda chymorth ariannol Cyngor Llyfrau Cymru.

Rhif llyfr rhyngwladol:
978-1-914303-29-6

Cyhoeddwyd yng Nghymru gan Lyfrau Broga, Yr Eglwys Newydd

www.broga.cymru

Laura

Bywyd Mentrus Laura Ashley

Geiriau gan Mari Lovgreen
Lluniau gan Sara Rhys

Cafodd Laura Ashley ei geni yng nghartref ei nain, ym Merthyr Tudful.

Roedd tad Laura mor hapus i gael merch fach mor dlws, prynodd anrheg iddi bob dydd nes oedd hi'n flwydd!

Symudodd y teulu i Lundain lle ganwyd dau frawd bach swnllyd a chwaer fach fywiog iawn.

Pan oedd Laura'n un deg pedwar oed, dechreuodd yr Ail Ryfel Byd. Teithiodd y teulu'n ôl i Gymru at ei nain i gael lloches.

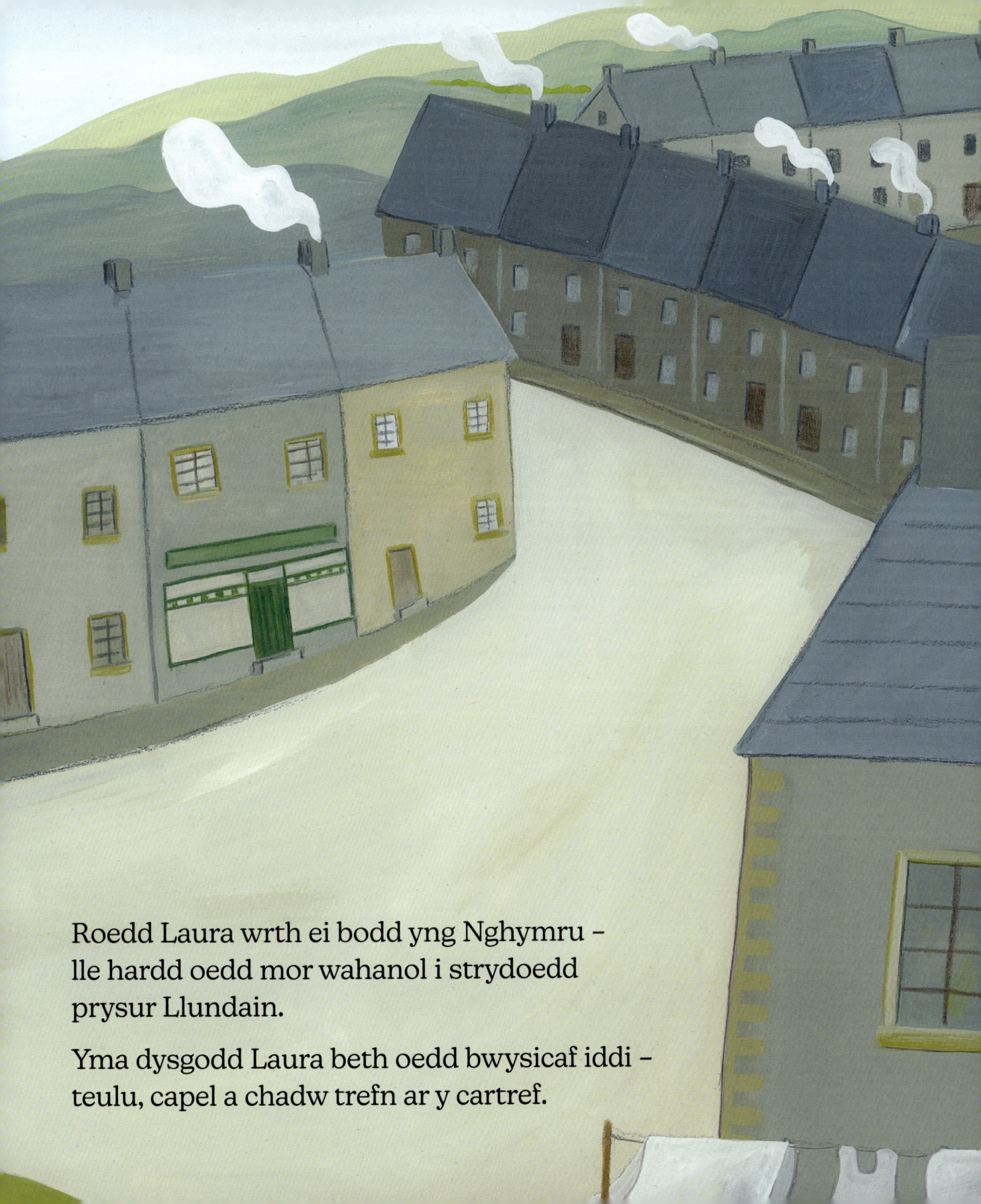

Roedd Laura wrth ei bodd yng Nghymru – lle hardd oedd mor wahanol i strydoedd prysur Llundain.

Yma dysgodd Laura beth oedd bwysicaf iddi – teulu, capel a chadw trefn ar y cartref.

Flwyddyn yn ddiweddarach, aeth Laura'n ôl i Lundain i edrych ar ôl ei thad a chadw trefn ar y tŷ.

Aeth i goleg i ddysgu bod yn ysgrifenyddes, cyn gweithio gyda merched eraill yn helpu efo'r rhyfel.

Er ei bod yn ferch swil ymunodd â'r clwb ieuenctid lleol.

Yno, disgynnodd mewn cariad gyda Bernard Ashley, dyn hyderus, llawn cyffro!

Priododd y ddau ym mis Chwefror, 1949.

Roedd Laura a Bernard yn dlawd iawn, ond yn llawn syniadau mawr.

Un peth oedd yn rhoi pleser mawr i Laura oedd creu ei dillad ei hun. Dysgodd sut i brintio defnydd â gwahanol batrymau arno.

Cyn pen dim roedd eu tŷ wedi troi'n ffatri fach brysur!

Aeth Laura â sgarffiau i siop fawr yn Llundain i drio eu gwerthu.

Roedden nhw mor boblogaidd, roedd yn rhaid iddi weithio drwy'r dydd a'r nos i greu mwy ohonynt!

Tyfodd y busnes – a'r teulu.

Cafodd Laura dri o blant, ac er mwyn iddi allu cario ymlaen i weithio, byddai'r plant yn mynd i'w gwlâu am hanner awr wedi pedwar y prynhawn!

Er i'r busnes fynd o nerth i nerth yn Llundain, roedd Laura yn colli Cymru. Penderfynodd symud ei theulu i Fachynlleth.

Agorwyd siop a ffatri ym mhentref o'r enw Carno.

Creodd hyn nifer o swyddi i bobl leol, ac roedd Laura'n trin ei holl staff fel teulu.

Cafodd Laura syniad newydd i greu ffrogiau hir, cyfforddus a blodeuog.

Disgynnodd y byd mewn cariad gyda'r ffrogiau unigryw yma.

Roedd pawb eisiau un!

Tyfodd y cwmni nes bod ganddyn nhw dros fil o staff, pedwar deg siop, tair ffatri – a jet, hyd yn oed!

Agorwyd siopau Laura Ashley dros y byd – o Lundain i America, Canada ac Awstralia.

Yn ogystal â chreu dillad, dechreuodd y cwmni gynhyrchu papur wal a chelfi i'r cartref.

Doedd Laura ddim yn meddwl gormod am lwyddiant ei chwmni.

Edrych ar ôl ei gŵr, ei phlant, ei chartref a'i staff oedd bwysicaf iddi.

Ychydig cyn iddi droi'n chwe deg oed, bu farw Laura yn sydyn.

Er y tristwch mawr, daeth pobl o Garno a phedwar ban byd at ei gilydd i ddathlu ei bywyd arbennig.

Caiff Laura Ashley ei chofio fel dynes addfwyn a charedig wnaeth lwyddo i gyfuno creadigrwydd gyda menter busnes, gan adael y byd yn lle harddach ar ei hôl.

Hefyd yng nghyfres
Enwogion o Fri

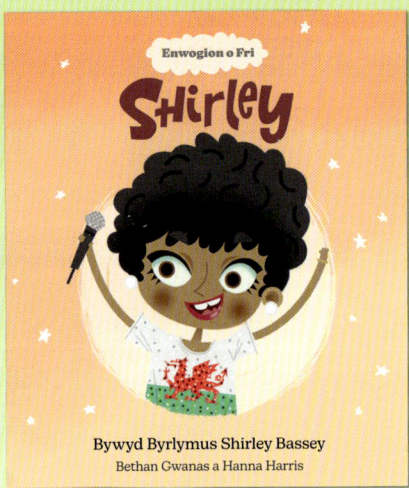

Shirley Bassey
Hanes y ferch o Tiger Bay a ddaeth yn seren bop fyd-enwog.

Cranogwen
Merch wnaeth herio'r drefn, o hwylio llongau i farddoni, mewn oes lle nad oedd cyfleoedd cyfartal i ferched.

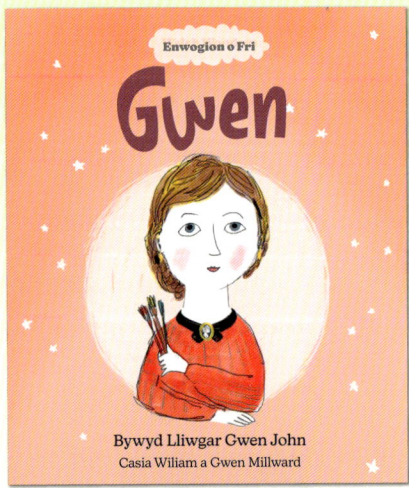

Gwen John
Stori'r ferch dawel a ddilynodd ei breuddwyd a dod yn un o artistiaid gorau Cymru.

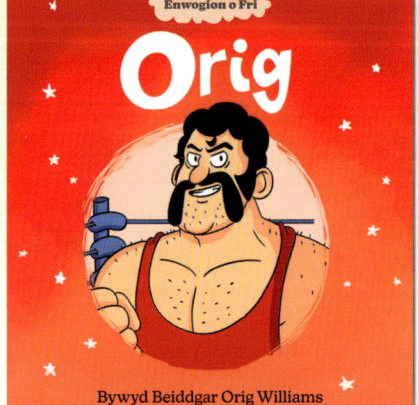

Orig Williams
Y reslwr cryf oedd yn enwog ar draws y byd fel 'El Bandito'.

Ann Griffiths
Y bardd ac emynydd sensitif wnaeth ysgrifennu caneuon a ysbrydolodd y genedl.

Aneurin Bevan
Y gwleidydd poblogaidd wnaeth ymladd dros degwch a sefydlu'r Gwasanaeth Iechyd Gwladol.

Yn dod yn fuan...

Betty Campbell
Hanes ysbrydoledig prifathro Du cyntaf Cymru, wnaeth frwydro dros ei chymuned.

Alfred Russel Wallace
Y gwyddonydd anturus wnaeth deithio'r byd gan wneud darganfyddiadau hynod.

Darganfyddwch fwy am fywydau ysbrydoledig pobl o Gymru, o artistiaid i wyddonwyr, i bobl wnaeth herio'r drefn a goresgyn pob math o rwystrau i gyflawni eu breuddwydion.

broga.cymru